# 50 Consejos de Oro para tu CONEJILLO DE INDIAS

## AMANDA O'NEILL

HISPANO EUROPEA

**La autora** Amanda O'Neill nació en Sussex en 1951 y estudió literatura medieval en la Universidad de Exeter. Nunca ha vivido sin alguna clase de mascota, desde conejos y gerbos hasta caracoles gigantes y cucarachas silbantes. Actualmente vive en los Midlands (región central de Inglaterra) con su marido y su hijo, además de cinco perros, un gato, hamsters Roborowski y un grupo de conejillos de Indias.

*Las recomendaciones de este libro se dan sin garantía alguna por parte de la autora y el editor. Si tiene dudas, busque el consejo de un veterinario o de un especialista en cuidados de animales de compañía.*

# Índice

# INTRODUCCIÓN

## Los conejillos de Indias son la primera mascota ideal

Son apropiados tanto para niños como para adultos, ya que son criaturas dóciles que no muerden ni arañan y responden bien si se les coge sin brusquedades. Son baratos y fáciles de alojar y de cuidar, y no necesitan equipos especiales de iluminación ni de calefacción. A diferencia de muchos roedores, están despiertos durante el día. Si se les da espacio y atención suficientes, proporcionan un gran entretenimiento con sus retozos y sus amigables silbidos. Los conejillos de Indias mal alojados y olvidados no sólo son infelices sino que se convierten en mascotas aburridas, por lo que antes de adoptar un conejillo de Indias, asegúrate de que estás preparado para la dedicación que necesita.

*Abajo: Lo bastante grandes para ser achuchables y lo bastante pequeños para poderlos coger fácilmente, los conejillos de Indias responden bien y son una compañía gratificante.*

## 2 Sus orígenes

Los conejillos de Indias son unos roedores que proceden de América del Sur, donde fueron domesticados al menos hace quince siglos como animales para comer. Y en los Andes, los conejillos de Indias domesticados todavía se utilizan como alimento. Fueron importados a Europa en el siglo XVI y enseguida tuvieron éxito como animales de compañía. Se les llamó «de Indias» porque así era como se llamaba entonces a aquella parte del mundo descubierta por Europa el siglo anterior, las Indias occidentales.

## 3 Los conejillos de Indias no son juguetes

Los conejillos de Indias sólo son divertidos si estás dispuesto a invertir cierto tiempo y esfuerzo en cuidarlos. Los futuros amos deben desear emplear algún tiempo cada día alimentando y dando agua, limpiando y cogiendo a su mascota. Necesitarás paciencia para domesticar a un conejillo de Indias nuevo antes de poder disfrutar ambos de vuestra mutua compañía. También tendrás que ser consciente de que son criaturas vivas con todos los instintos de sus antepasados salvajes. El mundo humano es un entorno extraño y sólo puedes enseñarle a estar cómodos en él.

# Ideas de Oro

**LARGA VIDA**
*Los conejillos de Indias viven bastante, entre seis y ocho años de media. Se sabe que unos pocos han llegado hasta los doce años. Así que, antes de comprarlo piensa que es una responsabilidad a largo plazo.*

**LISTA DE COMPRAS**
*Antes de llevarte a casa a tu nueva mascota, necesitarás (fotografía de la izquierda): una jaula, un plato de comida, un bebedero, comida, una cama de materia vegetal para el suelo y algo para hacer ejercicio. El conejillo de Indias debería ser el último de tu lista de la compra.*

**LOS CONEJILLOS DE INDIAS Y LOS NIÑOS**
*Al ser tan mansos son excelentes animales de compañía para los niños, aunque los niños pequeños puede que no sean tan buenos amos. Si no son lo bastante mayores como para entender que su mascota no disfruta si se le martiriza y se le persigue, o que se hará daño si se deja caer al suelo, será fundamental la supervisión de los padres.*

# VARIEDADES

## Con manchas, a rayas o blanco y negro

El abanico de colores es amplio. Los de un solo color pueden ser negros, blancos, dorados, rojos, lilas, beiges y chocolate. Los conejillos de Indias de varios colores comprenden a los característicos Himalayos (como los gatos Siameses), los Dálmatas (con manchas), los Arlequines y los Magpies (a rayas), los Concha de Tortuga o Tortoiseshells (a manchas blancas y de otro color), y los Holandeses (de dos tonos, cuya grupa de color y las manchas de la zona de los ojos contrastan con el blanco de su zona media y la mancha blanca de su cara). Hay también otras variedades con marcas o motas, incluyendo varias tonalidades como en los Agutís y los Ruanos.

*Arriba: Los conejillos de Indias cruzados pocas veces tienen pelajes tan largos como los de los ejemplares con pedigrí, pero necesitan también de más cepillado.*

*Izquierda: La mayor parte de conejillos de Indias son de ascendencia variada, lo que proporciona una interminable gama de colores y marcas.*

## Lacio y suave

El tipo básico es el conejillo de Indias de pelaje suave, de pelo lacio y corto y de todos los colores. Las variedades de la denominación inglesa crested (crestados, tienen un remolino de pelo en la frente que forma como una pequeña cresta, normalmente llamada roseta). En el English Crested, la roseta es del mismo color que el resto del cuerpo; en el American Crested es blanca y forma una especie de estrella que contrasta con el color de su cuerpo.

## 6 Una buena cabellera

Los pelajes largos son de todos los colores y hay diferentes peinados. Los Peruanos son los que tienen más pelo y su cabellera lacia hasta el suelo hace difícil saber dónde está la cabeza. Si prefieres verle la cara, los Shelties (Silkies) y sus equivalentes con roseta, los Coronets, tienen el pelo más corto en la cabeza, mientras que los Texels, los Merinos y los Alpacas llevan permanente. Todas las variedades de pelaje largo necesitan cepillado diario para mantenerse limpios, sanos y cómodos.

## 7 Otros tipos de pelaje

La variaciones de los de pelaje corto incluyen a los Satins (satinados), cuyo pelo tiene un llamativo brillo satinado, y los Rexes y Tedies, que tienen un singular pelo rizado y enmarañado que le dan aspecto de erizo. Además están los Abisinios, con un pelo áspero de cerca de dos centímetros y medio formando rosetas. Incluso hay conejillos de Indias sin pelo, como los Skinnies, que tienen un poco de pelo en la cabeza y los pies, y los Baldwins, que no tienen nada.

*Abajo: El color jaspeado del Agutí evoca el de sus antepasados salvajes.*

# Ideas
# de Oro

## *TRANSPORTE SEGURO*

*Necesitarás una caja ventilada para llevar tu conejillo de Indias a casa. Las cajas de cartón van muy bien, pero pon una mano debajo para asegurarte de que tu mascota no se caiga por la parte inferior. Puede que valga la pena comprar una de plástico, que podrá aprovecharse más adelante si hay que hacer alguna visita al veterinario.*

## *INSTALACIÓN*

*Cuando lleves tu nueva mascota a casa, ponlo en su jaula y déjalo tranquilo durante un rato para que se adapte. En los dos primeros días, dale solamente comida y agua y háblale suavemente; evita cogerlo hasta que se haya adaptado. Se volverá dócil y confiado con mayor rapidez si se le deja adaptarse a su propio ritmo.*

*Derecha: Elige una cobaya que puedas coger; un ejemplar miedoso exigirá más esfuerzos para domesticarlo.*

## *CONEJOS BRUTOS*

*No se recomienda tener un conejo como compañero de tu conejillo de Indias. Los conejos son más brutos y más territoriales que los conejillos de Indias y tienden a acosarles. Si decides probarlo, introduce los animales cuando ambos son jóvenes y vigila de cerca su relación a lo largo de sus vidas.*

# ELEGIR UN

## ¿Dónde debería comprar mi conejillo de Indias?

La mayoría de tiendas de animales de compañía tienen siempre conejillos de Indias para vender, junto con jaulas y todo el equipo necesario. Compra solamente en las tiendas que tengan a los animales bien alojados, bien cuidados y cuyos empleados sean entendidos. Si los animales están hacinados, sucios o nerviosos, vete a otra tienda. Por otro lado, los criadores de tu zona anuncian a menudo sus animales en venta; la misma regla vale para ellos. Los refugios de animales pueden ser también una fuente de conejillos de Indias sanos pero sin techo en espera de ser adoptados.

## ¿Cómo he de elegir un conejillo de Indias sano?

Busca un animal despierto de ojos nítidos y con brillo, un cuerpo firme y redondeado y pelaje sano. Evita escoger cualquier conejillo que tenga los ojos llorosos o con secreciones de hocico, que tenga la respiración ruidosa o la región anal sucia; no lo escojas tampoco si sus compañeros de jaula muestran estos síntomas. Los conejillos de Indias son propensos a las infecciones parasitarias, por lo que revisa la piel por si hay caspa, costras o llagas. Tu nueva mascota debería tener al menos seis semanas de vida, y los machos y las hembras deberían estar separados para evitar el riesgo de comprar una hembra preñada.

# CONEJILLO DE INDIAS

10

## ¿Un conejillo de Indias o más de uno?

Los conejillos de Indias son animales sociables y no son felices viviendo en soledad. Dos o tres ejemplares juntos serán más felices. En estado salvaje, viven en grupos familiares de hembras y jóvenes con un macho reproductor, y tú puedes tenerlos en colonias similares o empezar con una pareja macho y hembra si quieres criar. Sin embargo, esto implica la llegada de crías cada cierto tiempo, lo que obliga a buscarles un hogar. Para tener mascotas felices, piensa mejor en una pareja del mismo sexo. Lo ideal sería buscar dos jóvenes de la misma camada para que se hagan compañía mutuamente.

Redondeado pero no gordo

Pelaje lacio y brillante y piel sana

Oreja intacta

Ojo nítido y con brillo

Trasero limpio

Hocico limpio

Patas sanas

Respiración regular, sin resuellos

Garras en buen estado

11

## ¿Macho o hembra?

Como mascotas, son tan buenos los machos como las hembras. La combinación más acertada es una pareja o un trío de hembras, o un macho castrado con una o más hembras. Dos machos pueden vivir felices juntos si son de una misma camada y nunca se han separado, pero los machos sin relación familiar son proclives a pelearse. Determinar el sexo de los conejillos de Indias jóvenes no siempre es fácil, ya que se parecen mucho. Una presión suave en la parte baja del vientre, encima del órgano genital, normalmente hará que sobresalga el pene si el animal es un macho. Solicita ayuda si tienes alguna duda al respecto.

# ALOJAR A TU CONEJILLO DE INDIAS

## 12 Cuanto más grande la jaula, mejor

Las jaulas abarrotadas implican vidas aburridas para sus moradores y mascotas aburridas para quien los cuida. Muchas de las jaulas que se venden son demasiado pequeñas y se parecen más a pequeñas celdas que a un hogar. Para asegurarte de que tus mascotas tienen espacio para moverse, calcula 65 centímetros cuadrados para un conejillo de Indias, añadiendo unos 20 cm² por cada animal de más. La jaula ha de tener un suelo suave (no una base de rejilla metálica), y debería tener un extremo dividido con una separación para proporcionar un habitáculo recogido para dormir. No coloques nunca la jaula directamente en el suelo, estará mejor elevada con patas para que circule el aire por debajo y así proteger a la jaula y al conejillo de Indias de la humedad. Las jaulas de exterior han de estar impermeabilizadas con tratamientos para madera no tóxicos y cubierta inclinada para permitir el desagüe del agua de la lluvia.

*Arriba: La tradicional jaula de exterior es un hogar acogedor pero puede quedar pequeño.*

## 13 Un hogar en el interior

Las jaulas de interior están hechas habitualmente de plástico para mayor facilidad de la limpieza, con una cubeta alta como base para impedir la caída de la cama vegetal. Se venden con el equipo completo de plato de comida, botella de agua y comedero de heno y también por separado. Escoge la jaula más grande que puedas tener en casa y piensa que se venden algunas demasiado pequeñas para el bienestar a nuestra mascota. Las jaulas de plástico no suelen proporcionar nada de intimidad a su ocupante, por lo que se aconseja poner una caseta en una esquina para que esté más cómodo.

Este tipo de techo ofrece buena ventilación.

Una base profunda evita la caída de la cama.

## Mascotas caseras

14

Si decides colocar la jaula de tu mascota en el interior, elige el sitio detenidamente. La habitación más ruidosa y más concurrida de la casa puede resultar demasiado poco tranquila, mientras que una esquina apartada puede relegarla al olvido. Es importante evitar corrientes de aire, sol directo y cambios bruscos de temperatura. Una temperatura confortable para el ser humano es igualmente apropiada para los conejillos de Indias. La colocación de la jaula sobre una mesa o un soporte sólido permite un acceso más fácil, evita corrientes y además evitará que aparezcas amenazadoramente por encima de tu mascota cuando te acerques.

*Izquierda: Una jaula de interior es un entorno más estimulante pero también puede provocarle más tensión a tu mascota.*

### UN HOGAR VENTILADO

No se recomienda alojar a los conejillos de Indias en recipientes de plástico o acuarios. Tienen poca ventilación, se sobrecalientan con facilidad y son difíciles de limpiar. Además, aísla a tu conejillo de Indias de su entorno, restringiéndolo al reducir los estímulos de olores, sonidos e imágenes que debería recibir.

### SUELOS DEFECTUOSOS

Nunca alojes a un conejillo de Indias en una jaula que tenga el suelo de rejilla metálica como los que a veces se usan para conejos o chinchillas. Los conejillos de Indias tienen pies sensibles y no pueden caminar cómodamente sobre rejilla metálica. Además de dejarles las plantas de los pies doloridas, pueden enganchárseles los dedos en ella y causarles heridas e incluso lesiones más graves en sus extremidades.

*Arriba: Sus plantas delicadas y sus frágiles dedos necesitan un suelo seco y bien acolchado para caminar.*

### LOS PELIGROS DEL GARAJE

Un garaje no es el lugar adecuado para la jaula de tu mascota. Es demasiado cálido en verano, demasiado frío en invierno, está aislado de la vida familiar y a menudo son húmedos y tienen corrientes de aire. Hay además un riesgo alto de intoxicación por el humo del coche, lo que puede resultar mortal para el animal.

# 15 EL EQUIPO BÁSICO

## Las botellas son mejores

Una botella de agua enganchada a la parte frontal de la jaula es mejor que un cuenco de agua. Evita el riesgo de vertido de la misma y de que ésta se ensucie, y te permite ver con un simple vistazo si tu mascota va bebiendo o no. Recuerda cambiar el agua cada día y comprueba a menudo que la válvula de bola funciona. Sujeta la botella boca abajo y agítala suavemente. Si no sale agua, puede que la válvula esté atascada o dañada. Algunos conejillos de Indias tienden a morder la cánula de metal, con lo que puede que la bola quede aplastada impidiendo que se mueva y pueda pasar el agua.

*Derecha: Engancha la botella de agua de manera que el caño esté a una altura cómoda para su uso.*

## 16 El plato perfecto de comida

Los platos de comida deberían ser razonablemente más pesados y anchos en su base que en la parte superior, de modo que no se vuelquen con facilidad. Los platos de metal son a menudo demasiado ligeros, mientras que el plástico no es sólo ligero sino también peligroso, ya que tu mascota podría morderlo y cortarse con los bordes rotos. Los platos de cerámica tienen la ventaja de que son pesados y fáciles de limpiar. No utilices un plato demasiado grande o tu conejillo de Indias se meterá dentro y ensuciará la comida. Otra posibilidad es poner un plato con ganchos para colgar en los barrotes de la jaula.

*Derecha: Un sólido plato de comida de cerámica es el ideal.*

# 17

_Virutas de pino_

_Gránulos perfumados_

_Heno_

## Material para la cama

El suelo de la jaula debería estar cubierto con una cama a base de materiales absorbentes y seguros, como serrín, paja, virutas de madera, turba o tiras de papel. El serrín y las virutas han de estar limpios; si los obtienes de un aserradero, asegúrate de que no tengan restos de tratamientos químicos. Una capa de hojas de periódico extendida sobre el suelo antes de poner la cama encima proporciona mayor absorbencia. Y resulta fácil enrollar el papel con la cama sucia dentro a la hora de cambiarla. Pon mucho heno dentro del dormitorio para que esté cómodo y también algo para picar por la noche.

_Izquierda: Las cajas de anidación podemos construirlas nosotros mismos con madera o incluso cartón, pero también podemos adquirir modelos más sofisticados, como esta bola, para que el conejillo de Indias se sienta a gusto en su interior._

# Ideas de Oro

Zanahoria

Brócoli

Col

## Vegetales y vitaminas esenciales

18

### RUMIANDO

No te asustes si tu conejillo de Indias se come sus excrementos. Los vegetales crudos tardan mucho en ser digeridos, por lo que, del mismo modo que las vacas rumian, los conejillos de Indias se comen su comida dos veces. Defecan unos excrementos especialmente blandos que luego se comen para obtener las vitaminas y bacterias esenciales que no se han absorbido en su primer paso por su sistema digestivo.

### ALIMENTOS PELIGROSOS

Evita las espinacas, las remolachas, los frutos secos, semillas, judías verdes crudas, patatas, ruibarbo y lechugas de hoja fina. Evita también las plantas del jardín a menos que sepas que son comestibles; muchas son tóxicas, como las anémonas, digitales, amapolas, belladonas, saúcos, escrofularias, clemátides silvestres y la mayoría de los bulbos.

A diferencia de la mayoría de animales (pero igual que los seres humanos), los conejillos de Indias no pueden producir su propia vitamina C y han de conseguirla a través de los alimentos que ingieren. La comida en bolitas hechas expresamente para estas especies (no las bolitas para conejos) contienen vitamina C , pero tu mascota necesitará también su ración diaria de alimentos frescos como coles, brócoli, zanahorias, hierbas, manzanas, hojas de diente de león, etc. Las hojas oscuras de ciertos vegetales como la col rizada son especialmente ricas en vitamina C.

19

## Siempre deberían tener heno a su alcance

### SUPLEMENTOS

Se les puede dar sal y minerales para lamer, aunque la mayor parte de bolitas para conejillo de Indias ya cubren esas necesidades. Los suplementos de vitamina C pueden añadirse al agua o la comida, pero los contenidos vitamínicos se deterioran con rapidez y es más sencillo confiar en las frutas y vegetales frescos, aunque las hembras preñadas pueden beneficiarse de una dosis extra.

El heno cubre una gran parte de las necesidades nutricionales de tu mascota y su fibra dura provoca el necesario movimiento de los intestinos y mantienen sanos los dientes. Mordisquear el heno también le ayuda a rebajar el aburrimiento y los consiguientes problemas de conducta que podría acarrear. La buena calidad del heno es fundamental. Evita darle heno lleno de polvo o con olor a moho, y guárdalo siempre donde pueda circular el aire, no en bolsas de plástico cerradas. Prueba diferentes clases, heno de prado, heno de semilla, hierba secada al horno, y observa cuál prefiere tu mascota. Si tienes dudas, el heno de prado es siempre una elección segura.

# COMIDA Y ALIMENTACIÓN

## 20

### Bolitas y cereales

Además de
vegetales y heno,
tu mascota
necesita alimentos
secos. Las bolitas para conejillos de Indias están
pensadas para cubrir sus necesidades; las mezclas
con frutos secos, semillas y frutas pueden engordar demasiado. Los cereales como la avena y la
cebada, o trozos pequeños de pan integral tostado pueden también ser un buen suplemento para su
dieta. Sin embargo, los conejillos de Indias son criaturas glotonas y se zamparán a gusto todo lo que les
des hasta volverse obesos, así que no les sobrealimentes: unos 60 gramos de alimento seco al día
bastarán para un adulto activo.

*Bolitas*

*Mezcla de alimento completo*

*Derecha: Las zanahorias constituyen un alimento
sano y un buen desafío para los dientes.*

## 21

### Suministro de agua

Debe dárseles agua cada día. Los
conejillos de Indias necesitan de media de 60
a 125 ml de agua al día, aunque puede que unos beban
más y otros menos, especialmente si obtienen mucho
líquido de los alimentos frescos. Las botellas de agua han
de quedar fuera del alcance de los rayos directos del sol
para prevenir el crecimiento de algas y se han de lavar
regularmente para mantenerlas limpias. En los inviernos
de los climas fríos puede que el agua dilate su volumen si
hiela, por lo que es mejor llenar la botella sólo hasta la
mitad para que no se rompa.

*Derecha: Cambia el agua de la botella de tu mascota a diario
para prevenir la concentración de bacterias peligrosas.*

# LUJOS Y EXQUISITECES

22

## Exquisiteces

Izquierda:
Cuelga piezas
masticables
de madera o
de sal de un
dispensador para que
estén limpias y al alcance.

Darle de comer exquisiteces en la boca es una excelente manera de aumentar la confianza de tu mascota en ti. Las tiendas de animales de compañía tienen una amplia gama de cosas para mascar, para picar y pastillas de yogur que a tu mascota le van a gustar. Vigila cuando compres estas cosas porque algunas contienen pipas de girasol sin pelar que podrían hacer que tu mascota se atragantara, mientras que otras llevan mucha miel y por tanto, engordan. En cualquier caso, demasiadas exquisiteces son tan malas para los conejillos de Indias como para otras especies. Tu mascota estará igual de feliz picando cosas sanas como rodajas de manzana u hojas de diente de león.

*Cuelga estas chucherías donde puedan ser fácilmente alcanzadas.*

*Izquierda: Los alimentos depositados en el suelo de la jaula se estropean al cabo de poco tiempo. Sujételos de los barrotes de la jaula o colóquelos en un soporte adecuado.*

Manzana

Pera

Plátano

Uvas

## 23 Los conejillos de Indias necesitan algo que mascar

Sus dientes crecen constantemente a lo largo de sus vidas y un conejillo de Indias sin nada que mascar no tardará en sufrir un crecimiento excesivo de los mismos que le impedirán comer. Las galletas vegetarianas para perros y el pan tostado seco van bien para evitarlo, pero una respuesta mejor a las necesidades dentales de un conejillo de Indias es colocar un trozo de rama en su jaula. No todos los árboles son adecuados, pero no te equivocarás si le pones una rama de árbol frutal (manzano, peral, ciruelo, etc.). Sus hojas pueden reservarse como lujo extra, pero quítale los frutos, especialmente si no están maduros.

## 24 La fruta fresca debe dársele con moderación

Demasiada fruta le provocará diarrea, lo que puede hacer peligrar su salud, y además contiene muchos azúcares naturales que no le harán ningún bien a su figura. Sin embargo, una pequeña ración diaria es beneficiosa (aproximadamente una cuchara de postre). Manzana, piña, plátano, melón, pera, melocotón, uva y fresón, son todas adecuadas, y media naranja con la mayor parte de su pulpa quitada constituye un lujo apetitoso y sano. Quita las pepitas o huesos antes de servir la fruta y lávala para eliminar cualquier resto de productos químicos o conservantes.

## Ideas de Oro

**NADA DE DULCES, POR FAVOR**

*El chocolate y los dulces pensados para los seres humanos no le van a hacer ningún bien a tu conejillo de Indias. Los alimentos azucarados suponen un peligro alto para ellos: el exceso de azúcar se convierte en grasa, y un conejillo gordo no es un conejillo sano. Otros tentempiés a evitar son las pasas, las palomitas, los frutos secos y el queso.*

**FUERTE, NO GORDO**

*Los conejillos de Indias con exceso de peso no deben someterse a una dieta drástica. Reducir la ración diaria de bolitas y excluir la fruta puede ayudar, pero en su menú no debe faltar el heno y los vegetales sin límite. Es más probable que recupere la buena forma a base de ejercicio, por lo que asegúrate de que tu mascota tiene espacio para hacerlo y muchas cosas para hacer.*

*Arriba: Dar de comer de la mano ayuda a reforzar la confianza y la amistad.*

**MATERIAL DE ENSEÑANZA**

*Las exquisiteces pueden serte muy útiles para adiestrar a tu mascota. Aunque los conejillos de Indias no aprenden a hacer trucos como otros animales, querrás enseñarle a tu mascota a que tenga ganas de verte y a que disfrute cuando le coges. Dándole de comer en la boca un bocado sabroso cada vez que vas a ver a tu conejillo de Indias es la mejor manera de conseguirlo.*

# 25

# JUEGO Y EJERCICIO

## El conejillo de Indias necesita ejercicio diario

Es una buena idea programar cada día una sesión de juego (al menos 15 minutos) fuera de la jaula. Para los conejillos de Indias que están en el interior, prepare una zona segura como la cocina para que puedan explorarla. Tendrás que vigilarles y quitar peligros evidentes como cables eléctricos. La actividad en el exterior es ideal, combinando el ejercicio y el aire libre con algunos bocados esparcidos por el suelo para que puedan comerlos cuando quieran, pero es fundamental que vigiles que tu mascota no se pierda, que no coma plantas peligrosas o incluso que se lo coma algún depredador.

*Arriba: Hacer ejercicio y comer al aire libre mantiene sanas a tus mascotas mientras que un recinto seguro las mantiene a salvo.*

# 26

## Una insolación puede matar, y lo mismo un frío excesivo

Cuando dejes tu mascota a su aire en el exterior, asegúrate de que tenga cobijo para el sol directo. Recuerda que una zona que está en sombra por la mañana puede quedar completamente expuesta al sol por la tarde. En los días calurosos, poner un pedazo de tejido a modo de toldo es una buena medida de seguridad. Los conejillos de Indias necesitan también protección de la lluvia. Su pelaje se empapa con facilidad y un conejillo mojado es un conejillo helado. Si tu conejillo de Indias se moja, sécale suavemente con una toalla el pelaje lo máximo posible y mételo dentro de casa en una caja llena de heno hasta que se haya secado.

*Los escondrijos proporcionan tranquilidad y seguridad.*

Izquierda: Este refugio de madera con sus atractivos agujeros redondos sirve tanto para casa de juguete como para dormitorio acogedor.

27

## Juegos para conejillos de Indias

Estimula a tu mascota para que haga ejercicio en un área de juego. Los juegos de los conejillos de Indias son bastante sencillos y sólo necesitan cierto equipo básico: cajas de cartón, bolsas de papel marrón y tubos de plástico constituyen estupendos escondrijos, túneles y carreras de obstáculos. Trepar por rocas, ladrillos o bloques de hormigón ligero refuerza sus músculos y mantiene las garras a raya. Coloca todos los accesorios en mitad de la zona de juego dejando los alrededores libres para que tenga un máximo de espacio para corretear. Un conejillo de Indias activo es un conejillo de Indias sano.

### DIVERSION DE VERANO

Con tiempo suave, a los conejillos de Indias les resultará beneficioso pasar gran parte del día fuera a su aire, siempre que tengan un cobijo adecuado. Sin embargo, deberías devolverlos a su jaula por la noche para protegerlos del frío y de algún zorro u otro depredador natural que pueda pasar por allí.

Tubo de plástico

### NADA DE RUEDAS

Las bolas o ruedas para correr que utilizan los hamsters no son adecuadas para los conejillos de Indias, aunque algunas tiendas de animales de compañía venden versiones de tamaño conejillo de Indias. Éstos no están hechos para esta clase de ejercicio, que es perjudicial para sus espaldas. Los obstáculos y escondites son juegos más sanos.

### JUERGA

Los conejillos de Indias pueden ser muy reposados, pero cuando están animados tienen brotes de actividad desenfrenada, persiguiendo a otro y dando saltos en el aire. Los dueños primerizos de un ejemplar pueden interpretar estos saltos repentinos verticales como si le estuviera dando un ataque de algo, pero simplemente son una expresión de bienestar, una señal de que tienen un conejillo sano y feliz.

# Ideas
# de Oro

**OJOS Y OÍDOS**

Revisa semanalmente ojos y oídos. Las señales de alarma como ojos empañados o llorosos, costras en las orejas o la acumulación de cera o suciedad en las mismas no deben ser pasadas por alto. Pero no te preocupes por las pequeñas calvas detrás de las orejas, ya que son normales, y en algunos individuos pueden ser muy llamativas.

**UN BUEN TRASERO**

Sólo te llevará un momento revisar el ano de tu conejillo de Indias cada día. Un ano sucio atrae moscas y el animal puede acabar infestado de gusanos. Una buena higiene de la jaula reduce el riesgo, pero juega seguro con una inspección diaria, lo que es especialmente importante para los ejemplares de pelaje largo.

*Límpialo con agua tibia si es necesario.*

**LA HORA DEL BAÑO**

Los conejillos de Indias no necesitan baños regulares, pero algunas veces querrás limpiar a tu mascota sucia o maloliente, especialmente a las de pelaje largo. Usa sólo champú fabricado formulado especialmente para animales pequeños y nunca devuelvas el animal mojado a una jaula fría. Para las infestaciones parasitarias pueden ser prescritos champúes con medicación incorporada.

## 28

## Los conejillos de Indias de pelaje suave pueden acicalarse ellos solos

Sin embargo, va bien ayudarles en esta tarea al menos una vez a la semana usando un pequeño cepillo (un cepillo de dientes de dureza media es ideal si no tienes uno especial) o pasándole con mucha suavidad un peine de púas finas. Esto ayuda a quitarle el pelo muerto y también te permite comprobar el estado de su piel, buscando parásitos, heridas o cualquier otro problema. Es también una manera estupenda de desarrollar la relación con tu mascota, que llegará a esperar el momento de estos cuidados.

*Derecha: Cepilla suavemente, primero a contrapelo y luego en la dirección del mismo para dejarlo bien peinado.*

## 29

## Los pelajes largos necesitan cepillados diarios

Su pelo crece constantemente (unos 2'5 cm. al mes) y, sin un cuidado constante, se quedaría rápidamente sucio y enmarañado. Necesitarás un cepillo de púas metálicas, un peine de púas separadas y también te serán útiles unas tijeras de punta fina. A los ejemplares para exhibición se les envuelve el pelo con papel para protegerlo cuando concursan. Las mascotas estarán más cómodas si se les corta el pelo y se les deja una longitud razonable, especialmente alrededor de su ano y, si es necesario, encima de los ojos.

# CEPILLADO PARA LA SALUD

*Usa un cepillo de cerdas suaves (derecha) normalmente o uno de púas metálicas (izquierda) para los enredos.*

## No pierdas de vista las garras

Las garras demasiado largas dificultan el andar y pueden finalmente curvarse y crecer hacia dentro clavándose en la carne. Haz de la revisión de las garras parte de tu rutina semanal. Cuando veas que es necesario cortarle las garras, pregunta a tu veterinario cómo se hace. Si se las cortas demasiado, le hará daño y pueden sangrarle. Con garras blancas, es fácil ver la parte rosada y cortar debajo, pero las garras oscuras necesitan más prudencia. Si cometes un error, presiona la garra herida en una pastilla mojada de jabón para cortar la hemorragia.

*Arriba: Para el bienestar de tu mascota nunca dejes que las garras crezcan demasiado.*

## Los dientes van creciendo a lo largo de sus vidas

Normalmente, la acción de masticar los mantiene en la longitud adecuada. Pero si un conejillo de Indias carece de oportunidades de morder, tiene una dieta pobre o problemas dentales heredados, los dientes pueden crecer demasiado y provocar dificultades a la hora de comer. Una revisión dental a la semana te ayudará a cortar los problemas de raíz. Los signos de alarma incluyen dificultades para comer, ojos llorosos y babeo. Una vez se han estropeado los dientes del conejillo de Indias, necesitarán de los cuidados regulares del veterinario.

# 32 HIGIENE Y TAREAS

## Tareas diarias del hogar

Unos cuantos cuidados diarios mantienen la jaula en buen estado. Quita cada día la cama mojada y las zonas sucias (normalmente su esquina favorita), sustituyéndola con serrín limpio y seco u otro tipo de cama que desees. Asegúrate de que haya suficiente heno en su dormitorio. Dos veces al día hay que fregar los platos y reponer alimentos y agua. Retira cualquier comida que quede en el plato y lávalo y sécalo antes de rellenarlo de nuevo. Lava y rellena la botella de agua y comprueba que no tenga escapes o que no esté bloqueada.

No seas tacaño con las virutas de madera. Para mantener el suelo seco para formar una superficie sobre la que pueda caminar bien nuestro conejillo de Indias, pon una capa de al menos 2'5 cm de grosor

Cubo para tirar la cama sucia (que puede echarse en el montón de compost del jardín).

Una pala o rasqueta de plástico nos será útil.

# DEL HOGAR

**33**

Los desinfectantes han de ser apropiados para los animales.

## Rutina semanal

Una vez a la semana se debería limpiar la jaula de arriba abajo. Quítalo todo y cepíllala bien antes de lavarla a fondo. Las jaulas de interior (y las de exterior en verano) se han de lavar con agua jabonosa caliente poniendo especial atención en las esquinas y aclararla bien y dejar que se seque completamente antes de poner la nueva cama. Las jaulas de exterior no se secan demasiado bien en invierno, por lo que con tiempo frío o lluvia es mejor pasar una bayeta húmeda con un desinfectante suave apto para mascotas.

**34**

## Medidas de seguridad

Cuando hagas limpieza, inspecciona la jaula en busca de daños o zonas peligrosas. En jaulas de madera, inspecciona la esquina usada como lavabo para comprobar que la orina no haya empapado la madera y no la pudra, y busca marcas en la misma que pueda haber roído tu mascota. Puede que tu animal mordisquee su jaula de plástico dejando peligrosos bordes cortantes. Los barrotes metálicos se han de revisar también para cerciorarse de que esté en buen estado, pues es otra posible fuente de bordes cortantes y de evasión de la mascota. Todos estos problemas es mejor detectarlos previamente, antes de que hayan daños serios.

# COMPRENDER A TU CONEJILLO DE INDIAS

## Los conejillos de Indias están siempre alerta

Su visión está adaptada para localizar depredadores, por lo que tienen un ojo a cada lado de la cara y en la parte superior para obtener un amplio campo de visión tanto lateral como por arriba. No pueden ver con el mismo detalle que nosotros las cosas ni los objetos alejados, pero distinguen colores y están preparados para captar el más mínimo movimiento, por lo que es mejor evitar asustar a tu conejillo de Indias con movimientos rápidos y bruscos, especialmente con una mascota nueva que todavía no sabe si confiar en ti.

## El sentido del olfato es importante para los conejillos de Indias

Tienen un sentido del olfato muy superior al nuestro y juega un papel importante en su vida social. Fijar su propio olor en su territorio y en sus compañeros de jaula (cosa que hacen con la orina y con una secreción aceitosa de una glándula de la base de la cola) les hace sentirse más seguros. El olor de grupo de los conejillos de Indias que viven juntos es un vínculo social, mientras que el olor de cada individuo le revela al resto del grupo su posición social en el mismo.

*Arriba: Los conejillos de Indias dependen del olfato para localizar e identificar su comida. Cada ejemplar tiene un sentido del olfato diferente; la mayoría captan el olor de la comida a cierta distancia y otros sólo cuando la tienen bajo su hocico.*

## Su oído es casi el doble de bueno que el nuestro

Es importante que respetes el oído sensible de tu mascota y que seas consciente de que los ruidos fuertes (y las frecuencias altas que son inaudibles para nosotros) pueden dañar sus oídos y provocarles mucha angustia. No les expongas a música alta o a la televisión con el volumen muy alto. Su buen oído significa también que aprende rápido a reconocer los sonidos que le indican la hora de comer o la de irse a dormir. Pueden distinguir los pasos de su dueño de los de un extraño y saludarle con un sonido.

## Los conejillos de Indias son muy parlanchines

Se comunican entre ellos y con nosotros con una amplia gama de sonidos y con lenguaje corporal. Los dueños de conejillos de Indias enseguida se familiarizan con el coro de sonidos con que reciben la comida, pero los conejillos de Indias también charlan, refunfuñan y gorjean. Es fácil distinguir entre murmullos de satisfacción, chillidos de miedo o castañeteo de dientes de enojo y también reconocer las posturas de tranquilidad, tensión y alerta, así como la de susto, en que se quedan totalmente rígidos.

***BUENAS COSTUMBRES***
*Los conejillos de Indias son criaturas de costumbres y no les gustan los cambios. Aprecian la rutina, con horas de comer fijas y periodos de ejercicio fijos. Los adultos son a menudo reacios a probar comidas nuevas, por lo que es una buena idea dar a los jóvenes muchas comidas diferentes mientras tienen su mente lo bastante abierta para aceptar cambios.*

***COEFICIENTE INTELECTUAL***
*¿Son brillantes los conejillos de Indias? La respuesta es que son tan brillantes como necesitan ser. No resuelven bien los problemas y no se dejan adiestrar con demasiada facilidad, pero aprenden rápido a asociar modelos de acontecimientos, por ejemplo, asociar el ruido de la apertura de la puerta de atrás con la llegada de comida.*

***POSICIÓN SOCIAL***
*La posición social es importante en el círculo del conejillo de Indias. Los machos buscan la dominación total y el vencedor expulsa de su grupo a los otros machos. Las hembras luchan por conseguir un rango. Una vez establecido éste, las hembras de mayor rango comen primero la comida o escogen el sitio para dormir y raramente acosan a las que son inferiores socialmente.*

*Izquierda: Los jóvenes emiten chillidos penetrantes para llamar a sus madres.*

# Ideas de Oro

### NO LE ATRAEN LAS ALTURAS

*Los conejillos de Indías son animales de suelo: no entienden las alturas. Si pones a tu mascota en una mesa u otra superficie elevada, es muy probable que se caiga rápidamente, por lo que nunca dejes a tu mascota sin vigilancia en un lugar así. En una caída podría romperse una pierna e incluso morirse.*

### NO LE ESTRUJES

*Sostén a tu conejillo de Indias con la suficiente firmeza para que no se escape, pero recuerda que es frágil y no le gusta que le aprieten. Si coges con demasiada fuerza a tu mascota por la caja torácica, tendrá problemas para respirar, y si le presionas en el vientre puede sufrir daños en sus órganos internos. Cógele con firmeza pero con suavidad.*

### CONSEJOS PARA EL ASEO

*Cuando tienes una cría de conejillo de Indías o un ejemplar nervioso, no esperes mucho a la hora de adiestrarle para hacer sus necesidades, así que ponte una toalla encima para que no te ensucie la ropa. Cuando tu mascota te conozca y esté cómoda cuando le cojas, seguramente se retorcerá o hará cualquier otra cosa para comunicarte que quiere que le dejes en el suelo para no ensuciarte.*

## 39 No tengas prisa en coger a tu mascota nueva

Los conejillos de Indias son muy tímidos por naturaleza, así que cuando lleves a tu nueva mascota a casa, deja que pasen unos cuantos días para que se acostumbre. No estará relajado hasta que su jaula le resulte familiar y esté impregnada de su propio olor. Una vez se sienta en casa, deja que se acostumbre a tu voz y luego al olor de tus dedos. Una mano que se levante de repente por encima suyo le parecerá una amenaza, por lo que vigila que tus movimientos sean siempre suaves y lentos. Deja que aprenda a confiar en ti antes de intentar cogerle.

*Izquierda: Una vez tu mascota tenga confianza en tus manos, que le ofrecen comida y le acarician, está preparada para dejarte que le cojas.*

*Tranquiliza a tu mascota acariciándole la espalda.*

## 40 Ponerse a su nivel

Vale la pena ponerse a nivel del suelo para hacer amistad con animales pequeños. Elevarte muy alto por encima de tu mascota te hace parecer amenazador. Cuando tu nueva mascota esté fuera de su jaula durante un periodo de ejercicio, siéntate o échate en el suelo cerca suyo con un tentador puñado de vegetales a mano. Luego, pon el bocado sobre la palma de la mano y espera que se acerque. Cuando el conejillo de Indias asocie tu mano con un bocado apetitoso, estará dispuesto a aceptar tus caricias, e incluso serán bien recibidas.

# COGER A TU CONEJILLO DE INDIAS

41

## Cómo se coge a un conejillo de Indias

Usa siempre las dos manos. Coloca lentamente una mano bajo el pecho de tu mascota, justo por detrás de las patas delanteras (o alrededor del pecho desde arriba si tu mano es lo bastante grande) y entonces sostén los cuartos traseros con la otra. Cogiéndole con firmeza pero sin estrujarle, llévatelo a tu pecho o a tu regazo y sostenlo contra el mismo para que se sienta seguro. Para los conejillos que no se dejen y que se retuercen, va bien envolverles con una toalla para restringir sus movimientos y para mayor seguridad.

*Aguanta su peso por los dos extremos.*

*Arriba: Los conejillos de Indias detestan estar colgados en el vacío, por lo que coge a tu mascota y ponla rápidamente en una posición que le dé seguridad.*

42

## Mordiscos y mordisqueo

Uno de los muchos atractivos de los conejillos de Indias es que raramente muerden. Algunos ejemplares pueden mordisquearte porque les gusta el sabor salado de tu piel. Puede que algunos empleen un suave mordisco (normalmente sin rasgar la piel) para decirte que les estás cogiendo de forma incómoda o quizás llevas demasiado rato haciéndolo. Una coballa que muerde es un animal tenso y castigar esta conducta sólo servirá para asustarle. Los que muerden necesitan paciencia y que se les tranquilice, y un bocado apetitoso puede ir muy bien para ello.

# CUIDADOS Y

## 43 Coger a tu mascota cada día es el mejor modo para revisar su salud

Puedes reconocer algunos síntomas como picores, respiración ruidosa, cojera o reveladores cambios de conducta. A menudo, para cuando los síntomas son evidentes, el conejillo de Indias seguramente lleva ya enfermo unos días. Si ha dejado de comer o de beber, o parece aletargado y se acurruca en una esquina, lo más probable es que necesite tratamiento veterinario de manera urgente. El hecho de no comer durante un periodo tan corto como un día es sumamente grave, pues puede producir una lesión en el hígado.

*Arriba: Un pelaje largo puede ocultar bultos, chichones o heridas que requieran atención, por lo que hazle revisiones regulares de la piel.*

## 44 Los conejillos de Indias son proclives a los problemas de piel

Hay que tomarse en serio el hecho de que nuestra mascota se rasque, pierda pelo, tenga caspa o úlceras. Esto puede ser causado por una infección parasitaria o fúngica que provocan un malestar considerable. Un problema de piel desatendido puede llegar a matarle, puesto que el animal podría estar demasiado incómodo para comer o podría sufrir deshidratación por una llaga supurante. Cuando veas un problema de piel, lleva a tu mascota al veterinario para que le diagnostique y le aplique con rapidez un tratamiento. Muchas veces, un champú medicinal nos sacará del apuro.

*Aparta el pelo para inspeccionar la piel.*

*Izquierda: Las revisiones regulares de la piel te permiten detectar señales de peligro, como caspa, pérdida de pelo o zonas llagadas antes de que una infestación fúngica o parasitaria provoque un problema grave.*

# ENFERMEDADES

## Problemas respiratorios

45

Los conejillos de indias pueden contagiarse de los constipados de los humanos; también pueden desarrollar problemas respiratorios como resultado de corrientes, humedad o una higiene pobre. Por un estornudo aislado no hay que preocuparse, pero si éstos son continuos, tiene un hocico que gotea o le cuesta respirar, hay que tomárselo en serio. Separa al conejillo de Indias constipado de sus compañeros de jaula para evitar que les contagie. Los resfriados que no se tratan pueden ser peligrosos, así que ve al veterinario cuanto antes (seguramente le dará antibióticos).

*Abajo: Los conejillos de Indias sanos adoran la comida, por lo que tómate en serio cualquier pérdida de apetito.*

*La comida fresca puede abrirle el apetito.*

## Problemas de barriga

46

El problema más común, la diarrea, suele estar causada por la dieta (comida pasada o mohosa, cambio repentino de dieta o simplemente un empacho) y normalmente remite tras unos días de régimen. Los casos más graves (diarrea oscura de olor fétido y ano irritado) requiere atención veterinaria. Ve también a ver al veterinario si tu mascota está estreñida y tiene un abdomen duro y tenso y le ves deprimido. Es probable que esto signifique que padece un bloqueo intestinal (barriga hinchada) y también necesita tratamiento veterinario.

### ESCORBUTO

*La deficiencia de vitamina C causa escorbuto (como en los humanos) y provoca aletargamiento, falta de apetito, pérdida de peso, articulaciones inflamadas y dificultad para caminar, diarrea y encías sangrantes. El veterinario debería prescribir algunos complementos de vitamina C y tendrías que fijarte más en la dieta en el futuro.*

*Arriba: El aire libre y el sol son buenos para tu mascota, pero asegúrate de que también dispongan de sombra.*

### INSOLACIÓN

*Los conejillos de Indias son muy vulnerables al calor. El animal que sea víctima de una insolación se ha de envolver en una toalla gruesa empapada de agua fría y escurrida. Es mejor prevenir que curar, así que no dejes a tu mascota desprotegida a pleno sol ni cerrada en una jaula mal ventilada en un día caluroso.*

### RIESGOS DE LOS ANTIBIÓTICOS

*Muchos antibióticos comunes, incluida la penicilina, son tóxicos para los conejillos de Indias y les provoca diarrea y les conducen a una muerte rápida. Incluso los antibióticos seguros pueden ser peligrosos si se administran en la dosis equivocada. Dado el riesgo, los antibióticos sólo deberían administrarse cuando han sido prescritos por un veterinario.*

# CONSEJOS

*Izquierda: Las hembras que crían necesitan comida en abundancia para poder sacar adelante a su numerosa descendencia.*

*Los pequeños maman durante dos o tres semanas.*

## 47 ¡Piénsatelo antes de criar!

Antes de lanzarte, hay tres reglas a seguir: has de saber por qué has decidido criar, has de asegurarte de que vas a hacer criar solamente a animales sanos y bien cuidados y saber qué vas a hacer con las crías. Por favor, no hagas criar a tus conejillos de Indias a menos que tengas una buena razón para hacerlo. Ya hay muchos más conejillos de Indias que buenos hogares para acogerlos, así que no aumentes la cantidad de animales no queridos.

## 48 Los conejillos de Indias crían con demasiada facilidad

Los sexos se han de separar a las cuatro o cinco semanas de vida, puesto que a esa edad ya pueden criar, lo que no es una buena idea. Nunca haga criar a jóvenes de menos de cinco meses ni deje que una hembra de más de diez meses tenga una primera camada, ya que sus huesos pélvicos se habrán fundido y bien podría morirse al dar a luz. Las hembras pueden volver a criar inmediatamente tras parir, así que aparte al macho antes de que nazca la camada para permitir que su pareja tenga un descanso entre camadas.

# DE CRÍA

49

## Los conejillos de Indias recién nacidos son adultos en miniatura

Después de un inusual largo periodo de gestación por tratarse de roedores (60-72 días), las crías nacen con pelo y con los ojos abiertos y pueden empezar a corretear al cabo de poco de nacer. Aunque necesitan la leche de su madre durante unas tres semanas, también empiezan a comer alimentos sólidos al primer o al segundo día de vida, así que no te olvides de aumentar las raciones de comida desde el principio. Son sexualmente maduros a las cinco o seis semanas, aunque seguirán creciendo durante varios meses más.

50

Derecha: Las crías nacen con dientes y sistemas digestivos capaces de procesar comida para adultos.

## Cuidado de las crías

Los conejillos de Indias son buenas madres, aunque un tanto despreocupadas. Si tienen crías más de una hembra al mismo tiempo, aquellas mamarán de la primera que encuentren. Es importante coger a las crías desde el segundo día de vida en adelante, varias veces al día. Esto no molestará para nada a la madre y asegurará que las crías crezcan domesticadas y confiando en los seres humanos. Los machos se han de poner en otra jaula separada a las cuatro o cinco semanas de vida; las hembras pueden quedarse con su madre.

**Agradecimientos**

La autora y el editor desean mostrar su más sincero agradecimiento a a Jackie Wilson y Emma Gillies de Rolf C. Hagen (GB) Ltd y Jasón Casto y Colin Maidment de Superpet, que han suministrado amablemente los equipos para las fotografías de este libro. Gracias también a las modelos Bronwyn y Stephanie McGuire y a Louise y Jacqui de Holmbush Farm, en Faygate, quienes aportaron los conejillos de Indias para las fotografías, y a Peter Dean de Interpet Ltd por su ayuda con el equipo de fotografía.

**Créditos de fotografías**

Las fotografías reproducidas fueron hechas por Neil Sutherland especialmente para este libro y su copyright pertenece a Interpet Publishing. La fotografía superior izquierda de la cubierta fue suministrada amablemente por Jane Burton, de quien es el copyright, de Warren Photographic.

Título de la edición original:
**Gold medal guide: Guinea Pig.**

Es propiedad, 2005
© **Interpet Publishing Ltd.**

© de la traducción: **Luis Rocha Rosal.**

© de la edición en castellano, 2007:
**Editorial Hispano Europea, S. A.**
Primer de Maig, 21 - Pol. Ind. Gran Via Sud
08908 L'Hospitalet - Barcelona, España.
E-mail: hispanoeuropea@hispanoeuropea.com

Depósito Legal: B. 05010-2007.

ISBN: 978-84-255-1713-6.

Consulte nuestra web:
**www.hispanoeuropea.com**

IMPRESO EN ESPAÑA                                                                                      PRINTED IN SPAIN
LIMPERGRAF, S. L. - Mogoda, 29-31 (Pol. Ind. Can Salvatella) - 08210 Barberà del Vallès

32